채지충의 만화로 보는 동양철학
3

옮긴이 이신지
이화여자대학교 중어중문학과를 졸업했다.
중국인민대학교에서 중문학을 공부하고 번역 활동 등을 하고 있다.

漫畫儒家思想 (Confucianism in Comics)
Copyright ⓒ 2012 by Tsai Chih-Chung
Korean Translation Copyright 2024 by DULNYOUK Publishing Co.
This translation is published by arrangement with Locus Publishing Company through SilkRoad Agency, Seoul, Korea.
All rights reserved.

이 책의 한국어판 저작권은 실크로드 에이전시를 통해 Locus Publishing Company와 독점 계약한
도서출판 들녘에 있습니다. 저작권법에 의해 한국 내에서 보호를 받는 저작물이므로 무단 전재와 복제를 금합니다.

채지충의 만화로 보는 동양철학 · 3
대학·중용 지도자의 학문
ⓒ 들녘 2024

초판 1쇄	2024년 12월 31일			
지은이	채지충(蔡志忠)			
옮긴이	이신지			
출판책임	박성규	펴낸이	이정원
편집주간	선우미정	펴낸곳	도서출판 들녘
기획이사	이지윤	등록일자	1987년 12월 12일
편집	이수연·이동하·김혜민	등록번호	10-156
디자인	하민우	주소	경기도 파주시 회동길 198
마케팅	전병우	전화	031-955-7374 (대표)
경영지원	김은주·나수정		031-955-7384 (편집)
제작관리	구법모	팩스	031-955-7393
물류관리	엄철용	이메일	dulnyouk@dulnyouk.co.kr

ISBN 979-11-5925-910-4 (07150)
세트 979-11-5925-907-4 (07150)

값은 뒤표지에 있습니다. 잘못된 책은 구입하신 곳에서 바꿔드립니다.

채지충의 만화로 보는 동양철학·3

대학·중용
지도자의 학문

채지충(蔡志忠) 지음 · 이신지 옮김

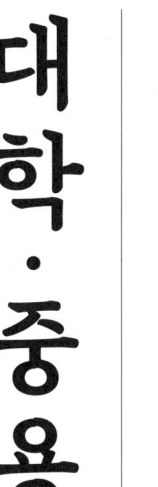

들녘

서문

동양문화사상의 성찰

채지충

20세기는 인류 문명사상 가장 위대한 세기로, 물리·과학·기술 등 모든 면에서 놀라운 성과를 거둔 시기입니다. 제가 대여섯 살 때만 해도 마을에 있는 구멍가게에 가서 등유를 사다가 등불을 켜고, 운동화 끈을 짧게 잘라 심지로 삼았던 기억이 납니다. 몇 년 지나지 않아 온 마을에 전등이 생겼습니다. 한 집에 작은 라디오 한 대뿐이던 것이, 저마다 집에 텔레비전이 있고, 이제는 모든 사람이 컴퓨터를 가지고 있는 것으로 발전했습니다. 2~3천 년 전 농업사회에서 급변하는 현대 산업 및 상업사회로 단숨에 변모했지요. 저는 제가 이 고도 비약적인 시대에 자랄 수 있어서 다행이라고 생각합니다. 저도 시대의 발전에 발맞추어 성장하여, 산과 산 사이에 있는 작은 마을에서 타이베이에 있는 큰 도시로 이사했습니다. 경제학에서는 변화하는 시대에 기회가 가장 많고 인재를 가장 많이 배출한다고 하였습니다.

저는 어릴 적부터 가톨릭 신자로 세례를 받았습니다. 성당에 미키마우스, 뽀빠이 등 컬러만화가 많이 있었고, 가톨릭 교리반 교과서도 만화였습니다. 오가면서 자연스럽게 만화와 친숙해졌고, 훗날 만화가로 거듭나게 된 것이 아닐까 싶습니다. 열다섯 살 때 만화를 업으로 삼았고, 서른여섯 살 이후에는 붓을 잡고 그림을 다시 그렸습니다. 이어 『만화유가사상』 『만화불학사상』 『시경』 『만화도가사상』 『만화선종사상』을 작업하였습니다.

많은 사람이 "왜 이런 소재를 만화로 그렸느냐?"라고 제게 묻습니다. 그럴 때면 저는 항상 이렇게 대답합니다.

"문화사상은 영원히 변하지 않는 보편적인 가치입니다. 동양인의 피가 흐르는 사람이라면 일생에 노장공맹과 불학 경전을 몇 권 정도는 읽어야만 동양의 후손이라 하기에 손색이 없지요."

얇은 만화책 한 권이 이토록 심오한 삶의 철학을 어떻게 설명할 수 있겠습니까? 저는 책 한 권으로 모든 진리를 말하려 하지 않았습니다. 독자 또한 책 한 권으로 모든 것을 통달하여 박사가 되리라고는 결코 기대하지 않습니다. 저는 그저 한 시간 동안 만화책 한 권을 다 볼 수 있도록 하고 이와 동시에 동양 사상에 대한 개략적인 이해를 돕고, 나아가 흥미와 자발적인 학습으로 이어질 수 있기를 바랍니다.

'만화 중국 제자백가사상'은 전 세계 21개 언어, 45개 판본으로 번역 출간되었습니다. 저는 이 책이 잘 팔리는 이유가 결코 저 때문이라고 생각하지 않습니다. 만화라서, 중국 사상이라서가 아니라 만화로 동양 사상을 서술하기 때문이라는 것을 압니다. 깊은 철학, 불학, 선학을 알기 쉽게 표현했기에 대중의 관심을 받았다고 생각합니다.

한 학자는 "춘추시대에는 『시경』, 전국시대에는 『초사』, 한나라에는 부(賦)가 있었고 그 뒤에 당시, 송사, 원곡이 있었다. 오늘의 대표 언어는 무엇인가? '애니메이션'이 오늘의 언어라고 생각한다"라고 말했습니다.

과장된 말이라고 생각하는 분도 있겠지만, 저는 이 학자의 말이 맞을 가능성이 높다고 생각합니다. 비틀즈, 롤링 스톤스, 비지스가 처음 등장했을 때 그들의 음악을 못마땅해하는 사람이 많았지요. 그러나 지금은 어떠한가요, 이들의 록 팝은 바하, 모차르트, 베토벤과 함께 존경받는 고전이 되었습니다. 애니메이션이 21세기 문화를 대표하는 것은 불가능한 일이 아닙니다. 300년 후 스타워즈는 20세기 고전이 될 것입니다. 스타워즈는 단순히 영화 시리즈에 그치지 않고 다양한 매체로 확장되었습니다. 애니메이션 시리즈, 소설, 만화, 게임 등으로 넓어진 세계관은 더욱 풍부해졌지요. 앞으로의 문학 대작은 영화, 애니메이션, 만화에서 나올 수도 있습니다. 지금 우리가 접하는 영화, 애니메이션, 만화가 앞으로 미래세대에 고전이 될지 아닌지는 오늘날 우리가 알 수 있는 것이 아닙니다. 이는 후세에 의해 평가되어야 합니다.

중국 제자백가(諸子百家)와 불학·선종(禪宗) 사상은 동양문화의 근간으로 여겨집니다. 그러나 의도적인 수행 외에 일상생활의 행주좌와(行住坐臥) 즉 다니고, 머물고, 앉고 눕는 인간의 행동 사이사이에는 한번에 알아차릴 수 있는 문화가 없고 그 사이에 존재하는 인간 의식의 흐름을 남기기란 어렵습니다. 더구나 급격한 변화의 시대에 한 사람은 자신의 입장이 없으면 세태의 변화에 의해 자신을 잃기 쉽습니다. 오늘날 컴퓨터 네트워크의 발전은 아직 한창입니다. 모두가 이 변혁의 시대에 자신의 아이디어를 가지고 성공하고 싶어 하지요. 이러한 공감대는 헛된 망상이 아닙니다. 문화적으로 자신만의 생각을 가진 사람은 자신의 꿈을 더욱 쉽게 완수하고, 미래에 더 큰 우위를 점할 수 있습니다.

시대는 영웅을 창조하고, 영웅은 시대를 창조합니다.
여러분이 미래에 영향을 미치는 중요한 역할을 해내기를 기원합니다.

목차

서문 … 4

대학 … 9

- 경 … 10
  대학의 도 … 11
  지극한 선 … 12
  본말시종 … 13
  자신의 밝은 덕을 천하에 밝히려면 … 14
  사물을 구명한 뒤에야 지식이 이루어진다 … 16
  수신을 근본으로 한다 … 18

- 전 … 19
  명명덕(明明德) _전 1 … 20
  신민(新民) _전 2 … 21
  지어지선(止於至善) _전 3 … 22
  본말(本末) _전 4 … 28
  격물치지 _전 5 … 29
  성의(誠意) _전 6 … 32
  수신(修身)은 정심(正心)이다 _전 7 … 35
  수신제가 _전 8 … 37
  제가치국(齊家治國) _전 9 … 39
  치국평천하 _전 10 … 46

중용 … 67

천명을 성이라 하고 성에 따르는 것을 도라 하며 도를 닦는 것을 교라 한다 _제1장 … 68
군자는 중용 소인은 반중용 _제2장 … 71
중용은 참으로 지극한 것이다 _제3장 … 72
도가 행해지지 않는 까닭 _제4장 … 73
중용의 도를 행할 수 없는가! _제5장 … 74
순 임금은 실로 지혜로운 분이다! _제6장 … 75
사람들은 '나는 안다'고 말하지만… _제7장 … 76

안회의 사람됨은 중용의 도를 취함에 있다 _제8장	77
천하 국가를 다스릴 수는 있어도 _제9장	78
'강함'이란 무엇인가 _제10장	79
성인은 중용의 도를 멈추지 않는다 _제11장	81
군자의 도 _제12장	82
도는 사람을 멀리하지 않는다 _제13장	83
군자는 자신의 위치에 맞는 일을 하며 그 외의 것은 바라지 않는다 _제14장	87
활쏘기는 마치 군자와 같다	89
군자의 도는 먼 길을 갈 때 한 걸음부터 딛는 것과 같다 _제15장	91
귀신의 덕 _제16장	93
순 임금은 큰 효도를 하신 분 _제17장	95
아무 걱정 없는 사람은 오직 문왕뿐이다! _제18장	98
무왕과 주공은 지극한 효성을 보였다 _제19장	99
애공이 공자에게 정치에 관해 묻다 _제20장	102
인과 의와 예	104
천하에 통하는 다섯 가지 관계	105
도에 이르는 방법은 달라도 결과는 같다	106
지와 인과 용	107
천하와 나라를 다스리기 위한 아홉 가지 근본	108
미리 준비하면 모든 일이 이루어진다	112
사람에게 신임을 얻는 방법	113
성은 하늘의 도이고 성에 이르는 것이 사람의 도다	115
성이란 애쓰지 않아도 들어맞고 생각지 않아도 얻어지는 것	116
넓게 배우고 자세히 물으며 신중히 생각한다	117
성(誠)과 성(性)과 교(敎) _제21장	119
오직 천하의 지극한 성이라야… _제22장	120
한 방면이라도 최선을 다하면… _제23장	121
지극한 성의 도를 갖추면 앞일을 미리 알 수 있다 _제24장	123
성은 스스로 이루고 도는 스스로 간다 _제25장	125
넓고 두터움은 땅과 같고 높고 밝은 것은 하늘과 같다 _제26장	127
하늘과 땅과 산과 물	128
나라에 도가 있을 때와 없을 때 _제27장	131
어리석으면서 자기가 옳다고 제멋대로 굴면… _제28장	132
군자의 도는 자신을 근본 삼아 여러 백성에 시행한다 _제29장	133
군자의 거동은 만인이 행하는 도	134
천하를 평화롭게 만드는 데 힘쓰라	135

공자의 도 _제30장 136
천하에서 가장 위대한 성인 _제31장 137
지극한 성의 경지에 이른 성인 _제32장 138
군자의 도와 소인의 도 _제33장 140
군자의 지극한 경지 142

대학

경

정자(程子)가 말한다.

"『대학』은 공자가 남긴 글로,
처음 배움에 임하는 자가 덕을 행해 들어가는 문이다."
지금에 이르러서도 옛사람의 학문 닦는 순서를 알 수 있음은
오로지 이 글에 의거하는 바이며,
그 다음으로 『논어』와 『맹자』가 있다.
배우는 자가 이 책에서 시작하면 거의 잘못됨이 없을 것이다."

지극한 선

善至

지극한 선의 경지에
이르는 길을 알면
의지를 정할
수 있고

의지를 정하면
마음이 흔들리지
않으며,

마음이
흔들리지 않으면
어디에서나
편안하고,

어디에서나
편안하면
올바르게 처사할
수 있으며,

올바르게 처사한 연후에야
지극한 선의 경지에 도달할 수 있다.

본말시종

모든 사물에는 근본과 끝이 있고,

모든 일에는 시작과 마침이 있다.

시작

마침

본말(本末)과 시종(始終)의 선후(先後) 순서를 알면 『대학』에서 말하는 도리에 가까워진다.

자신의 밝은 덕을 천하에 밝히려면

옛사람은 천하의 사람들에게 자신의 밝은 덕을 드러내고자 하면 먼저 자기 나라를 잘 다스렸고,

자기 나라를 잘 다스리고자 하면 먼저 자신의 가정을 바로잡았다.

자신의 가정을 바로잡고자 하면 먼저 자신의 품성을 닦았으며,

자신의 품성을 닦고자 하면 먼저 자신의 마음을 단정히 했다.

사물을
구명한 뒤에야
지식이
이루어진다

모든 사물의 진리를 분명히 구명하면
지식이 모든 곳에 이르게 되고,

지식이 모든 곳에 이르게 되면
뜻이 진실해져
망념됨이 없다.

뜻이 진실하여
망념됨이 없으면
마음이 곧아
치우치지 않는다.

마음이 곧아 치우치지 않으면 언행이 다스려진다.

몸과 언행이 다스려지면
가정이 가지런하고 화목해지며,

가정이 가지런하고 화목하면
나라를 훌륭히 다스릴 수 있고,

나라를 훌륭하게 다스리면 천하가 태평해진다.

전

『대학』은 본래 『예기(禮記)』중의 한 편으로, 장과 절이 구별되어 있지 않았다. 주희가 『대학장구(大學章句)』에서 정자의 뜻에 의거하여 「경(經)」 1장, 「전(傳)」 10장으로 구분했다.

주희는 이렇게 말했다.

"「경」 1장은 공자의 말을 증자가 기술한 것이요,
「전」 10장은 증자의 뜻을 문하 제자들이 기록한 것이다."

명명덕
(明明德)

- 전 1 -

『상서(尙書)』「강고(康誥)」편에 이르기를,

"본래 가지고 있는 밝은 덕성을 밝혀야 한다."

「대갑(大甲)」편에서 이르기를,

"하늘이 우리에게 내려준 덕성을 늘 살펴야 한다."

「요전(堯典)」편에서 말하길,

"인생 최고의 덕성을 밝혀야 한다."

이 세 가지 말은 자아로 하여금 밝고 맑은 덕성을 깨닫게 하라는 뜻이다.

신민(新民)

- 전 2 -

상나라 탕왕의 세숫대야에는 이런 문구가 새겨져 있다.
"오늘 더러움을 씻어 심신을 깨끗하게 할 수 있듯이 날마다 더러움을 씻어 심신을 깨끗이 하고, 또 계속하여 심신을 깨끗이 하라."

『상서』「강고」편에 이르기를,

"백성들을 격려하여 새로운 정신을 진작케 하라."

『시경』에 이르기를, "주나라는 비록 오래된 나라이나 문왕에 이르러 백성을 덕으로 교화시켜 새롭게 하고, 하늘의 새로운 명령을 받들게 했다."

그런 까닭에 도덕을 갖춘 군왕은 온 힘을 다하여 스스로 새로워지고 백성을 새롭게 하는 것을 최고의 법칙으로 삼는다.

지어지선(止於至善)

- 전 3 -

옛날 문왕은 임금이 되어서는 인(仁)에 머물렀고,
신하가 되어서는 경(敬)에 머물렀으며,
자식이 되어서는 효(孝)에 머물렀고,
아비가 되어서는 자(慈)에 머물렀으며,
사람들과 사귈 때는 신(信)에 머물렀다.

『시경』에 말하기를,

"경성(京城)의 천 리 땅은 백성들이 머무는 곳이다."

또 적기를,

"조그만 저 꾀꼬리, 언덕 우거진 숲속에 머물러 있구나."

"자르고 쪼는 듯하다"는 것은 학문 연마를 말한다.

"갈고 다듬는 듯하다"는 것은 스스로를 성찰함을 말한다.

"엄밀하고 굳세게"란 삼가고 두려워하는 태도를 말한다.

"광명하고 어긋남이 없음"은 남에게 경외심을 갖게 함을 말한다.

"빛나는 군자, 끝내 잊을 수 없다"라 함은 그의 성대한 덕성과 지선의 경지를 백성들이 잊을 수 없다는 것을 말한다.

격물치지

- 전 5 -

"이른바 격물치지란,
나의 앎을 투철히 하려면
사물을 이치를 철저히 구명해야 한다"는
것을 말한다.

'격물치지'의 뜻은 이러하다.

우리의 지식을 깊은 경지에까지
발전시키려면 응당

사물의 현상을
세심히 살피고,

마음을 다해
그 사물의 본질과
원리를 탐구해야
한다는 것이다.

성의(誠意)

- 전 6 -

이른바 "뜻을 성실하게 한다"는 것은
스스로를 속이지 말라는 것이다.
군자는 남이 보지 않는 곳에서도 조심한다.

"그 뜻을
성실하게 한다"는 말은
자기 자신을 속이지
말라는 뜻이다.

부패하여 풍기는
고약한 냄새를
역겨워하듯,

아름다운 빛깔을 좋아하듯,
내심에서 우러나와야 한다.

이를 일컬어 마음이 뜻과
합당하다고 한다.

그러므로 군자는 홀로 있을 때
마음을 삼가고 함부로 행동하지 않는다.

수신(修身)은 정심(正心)이다

- 전 7 -

"몸을 닦는다는 것은
곧 마음을 바르게 한다는 것이다."

"몸을 닦는다는 것은 그 마음을
바르게 한다는 것이다"라 함은 이러하다.
마음에 노여움이 있으면
마음을 바르게 할 수 없고,

두려움이 있으면
마음을 바르게 하지
못하며,

마음에 편애함이 있으면
마음을 바르게
할 수 없으며,

수신제가

- 전 8 -

집안을 바로잡는 것은
그 몸을 닦는 데 있다.

"집안을
바로잡는 것은
그 몸을 닦는 데 있다"
함은 이러하다.
사람이란 자기가
좋아하는 자는
치우쳐 사랑하며,

미워하는 사람은
지나치게 미워하고,

경외하는 사람은
지나치게 경중(敬重)히 대하며,

가엽게 여기는 자는
지나치게 애처로워하고,

자기가 경시하고
냉대하는 사람은
지나치게 경시, 냉대한다.

나는 널 좋아하지만 네 결점은 고치거라.

그러므로 누군가를 좋아하더라도 그의 결점을 알고,

미워하더라도 그의 장점을 알아야 하는데, 그만큼 수양된 사람이 세상에 참으로 드물다.

나는 저 자가 밉지만, 우리가 배울 만한 점이 적지 않구나!

예!

속담에 이런 말이 있다.
"사람은 자기 자식의 결점을 알지 못하고, 자기 곡식이 자라는 것을 알지 못한다."

이 말은 곧 자기 자신을 수양하지 못하는 자는 자기 집안을 바로 다스릴 수 없다는 뜻이다.

제가치국(齊家治國)

- 전 9 -

이른바 한 나라를 다스리는 것이
먼저 자기 집안을 바로잡는 데 있다는 것은
자기 집안을 가르치지 못하고서는
남을 가르칠 수 없다는 말이다.

"나라를 다스리려 하면
먼저 그 집안을 바로잡아야 한다"는 건
자기 집안 사람을 잘 가르치지 못하는
사람이 남을 잘 가르칠 수 없기 때문이다.

너를 가르치기가
백성 가르치는 것보다
힘들다!

집안 사람도
못 다스리면서 남을
다스린다고요?

그러므로 군자는 집을 나서지 않아도
그의 가르침이 온 나라에 퍼지게 된다.

집안에서 부모님께 효도할 수 있기 때문에 임금을 섬길 수 있고,

집안에서 형을 경애할 수 있기에 어른을 섬길 수 있으며,

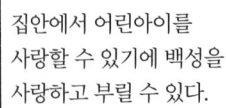
집안에서 어린아이를 사랑할 수 있기에 백성을 사랑하고 부릴 수 있다.

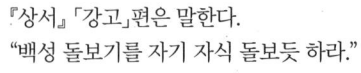
『상서』「강고」편은 말한다.
"백성 돌보기를 자기 자식 돌보듯 하라."

진정 백성을 사랑한다면 완벽하진 못해도 동떨어지지는 않을 것이다.

이는 마치 먼저 자식 기르는 법을 배운 후에야 결혼하는 여인은 없는 것과 같다!

치국평천하

- 전 10 -

"천하를 화평하게 하는 것이 그 나라를 다스리는 데 있다"는 말은 이러하다. 윗자리에 있는 사람이 늙은이를 늙은이로 대접하면 백성들에게 효도하는 마음을 일으킨다. 윗자리에 있는 사람이 어른을 어른으로 섬기면 백성들에게 공경하는 마음을 일으킨다. 윗자리에 있는 사람이 외로운 사람을 도와주면 백성들이 남을 저버리지 않는다. 그러므로 군자는 '혈구지도(絜矩之道, 나를 미루어 남을 헤아리는 방법)'를 가지고 있다 한다.

윗사람이 나를 무례한 태도로
대하는 것을 싫어하기에

나는 아랫사람을 무례한 태도로
대하지 않고,

아랫사람이 나에 대해 불손한 태도를
보이는 것을 미워하기에

나는 윗사람을 불손한 태도로 섬기지 않는다.

앞의 사람이 내게 한 무례를 미워하기에
나는 뒤의 사람에게 무례를 행하지 않고,

뒤의 사람이 내게 한 불손을 미워하기에
나는 앞의 사람을 불손히 대하지 않는다.

그러므로 백성의 재산을 거둬 국고에 쌓아두면 백성들은 삶이 고달파 사방으로 흩어지고, 	국고의 재화를 백성들에게 흩어놓으면 백성들은 삶이 여유로워져 절로 모여든다. 
그러므로 사리에 맞지 않는 말로 남을 대하면, 	남도 사리에 맞지 않는 말로 화답한다. 
만일 약탈해 온 재화라면, 	반드시 남에게 약탈당하게 된다. 

정자(程子)가 말했다.

"치우치지 않는 것을 중(中)이라 하고, 변하지 않는 것을 용(庸)이라 한다.
중은 천하의 올바른 도(道)이고, 용은 천하의 정해진 이치다."

『중용』은 공자 문파에서 후학자들을 위해 전수한 마음의 법칙이다.
자사(子思)는 시간이 지나면 이 법칙에 착오가 생길까 걱정하여 책으로 기록했고,
이를 맹자에게 전수했다. 이 책은 처음에는 단 한 가지 도리만 논하다가,
중간에 이르러서는 만 가지 일로 나눠지며, 끝에 가서는 다시 하나의 도리로 모인다.

"펼치면 온 우주를 덮을 수 있고, 말아 넣으면 가장 은밀한 곳에 감출 수 있다."

그 맛은 다함이 없고, 모두가 충실한 학문이다.
글 읽기를 좋아하는 사람이 자세히 탐구하고 뜻을 깊이 새겨
이 안의 도리를 깨닫고 연마한다면 한평생 쓰고도 남음이 있을 것이다.

천명을 성이라 하고
성에 따르는 것을 도라 하며
도를 닦는 것을 교라 한다

- 제1장 -

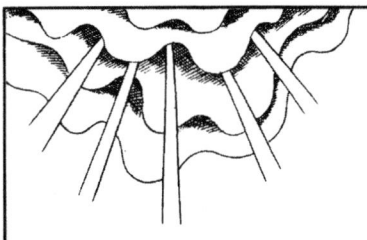

하늘이 사람에게 준 기품을 성(性)이라 하고,

그 본성에 따르는 것을 도(道)라 하며,

도의 근본과 말미를 밝혀 치우치지 않는 것을 교화(教化)라고 한다.

이 도는 잠시라도 떠날 수 없다. 만약 떠날 수 있다면 그것은 올바른 도가 아니다.

희로애락의 감정이 아직 드러나기 전을
중(中)이라 하고,

드러난 뒤 절도에 맞는 것을
화(和)라 한다.

중은 천하 사물의 자연적인 본체이고,

화는 천하 사람이 함께 가는 길이다.

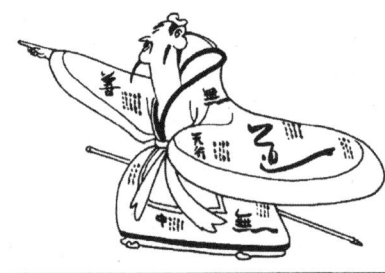

중화(中和)의 경지에 완전히 도달하면
천지가 제자리를 잡고
만물이 순조롭게 자라난다.

군자는 중용 소인은 반중용

- 제2장 -

군자가 중용에 부합하는 것은
항상 중도(中道)에 있어
지나치거나 모자람이 없기
때문이며,

소인이 중용에 반하는 것은
이 도리를 알지 못해
삼가고 두려워하는 마음 없이
제멋대로 행동하기 때문이다.

도가 행해지지 않는 까닭

- 제4장 -

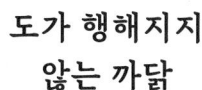

총명한 사람은 그 도리를 다 안다고 자만하여 실행할 가치가 없다고 여기고,

우둔한 자는 아예 실행할 방법을 알지 못한다.

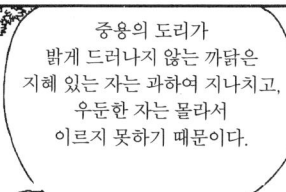

중용의 도리가 밝게 드러나지 않는 까닭은 지혜 있는 자는 과하여 지나치고, 우둔한 자는 몰라서 이르지 못하기 때문이다.

이는 날마다 물을 마시고 밥을 먹어도 진정 그 맛을 아는 사람이 드문 것과 마찬가지다.

중용의 도를 행할 수 없는가!

- 제5장 -

정녕 천하에 중용의 도를 실행할 수 없는가?

순 임금은 실로 지혜로운 분이다!

- 제6장 -

순 임금은 정녕 큰 지혜를 가진 분이다!

그는 묻기를 좋아하고, 또한 평범하고 허튼 말이라도 살피기를 좋아했으며,

남의 나쁜 점을 감춰주고, 좋은 점을 널리 알렸다.

또 중론(衆論) 중 지나친 것과 부족한 것을 절충하여 그 중도를 백성들에게 시행했다. 이것이 바로 순 임금의 도리였다.

사물의 중(中)을 구하려면 반드시 그 사물의 양극단을 알고, 그런 후 적절히 중도를 취하여 운용해야 한쪽으로 치우치지 않는다.

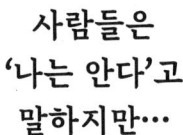

사람들은 '나는 안다'고 말하지만…

- 제7장 -

많은 사람이 스스로 총명하다고 말하지만,

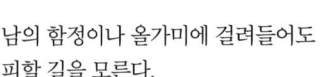

남의 함정이나 올가미에 걸려들어도 피할 길을 모른다.

많은 사람이 스스로 총명하다 말하지만,

중용의 도를 택하더라도 채 한 달을 지키지 못한다.

그만둘래요!

총명한 사람은 중용의 도가 훌륭하다는 것을 알지만, 문제에 부딪히면 그것을 실행하지 못한다. 도리를 알면서도 행하지 못하니, 참된 앎이라고 할 수 없다.

안회의 사람됨은 중용의 도를 취함에 있다

- 제8장 -

안회(顏回)의 사람됨은 중용의 도를 취하는 데 있다.

그는 한 가지 좋은 도리를 얻으면 그것을 마음속에 간직하여 잃지 않으려 애쓴다.

지극한 선의 경지에 이르러, 그 지선의 도리를 움켜쥐고 지킨다면, 마음이 안정되어 허황된 생각에 기울지 않는다.

천하 국가를 다스릴 수는 있어도

- 제9장 -

공자가 말하길, 천하와 국가가 아무리 커도 태평하게 다스릴 수 있고,

높은 벼슬과 후한 녹봉이 아무리 귀해도 이를 사양하는 사람이 있으며,

칼날이 아무리 예리해도 죽음을 두려워 않고 밟고 지나가는 사람이 있다.

중용의 도는 평이해 보이지만 쉽게 도달할 수 없다.

중용의 도리가 정녕 이렇게도 어렵다는 말인가? 이는 지혜로운 사람은 지나치고, 우둔한 사람은 미치지 못하기 때문이다.

'강함'이란 무엇인가

- 제10장 -

그래서 군자는 온화함으로 사람을 대하되
그런 부류에 물들지 않으니,
이것이 참된 강함이다.

중용의 도를 지키며
어느 쪽에도 기울지 않는 것이
참된 강함이다.

나라에 도가 있을 때
가난하더라도
지조를 잃지 않는 것이
참된 강함이다.

나라에 도가 없을 때
죽음을 앞두고도
평생의 절개를
바꾸지 않는 것이
참된 강함이다.

겉으로 드러난 용맹과
호전성은 참된 강함이
아니다! 마음속으로
결결하게 참고 견디며
올바름을 지키는 것이
진정한 강함이다.

군자의 도

- 제12장 -

군자의 중용의 도는 쓰임이 아주 광대하지만 실체는 매우 세밀하다.

평범하고 어리석은 부부일지라도 그 도를 알 수는 있다.

그러나 지극히 정미한 부분에 이르러서는 성인이라도 모르는 바가 있다.

실행에 관해 보자면, 보통의 못난 부부일지라도 실행할 수 있지만,

아주 정미한 부분에서는 아무리 성인이라도 이룰 수 없는 데가 있다.

도를 전수할 수도, 체험시킬 수도 없기에 도를 알 수 없다고 한다! 도를 고수하지 않고 힘을 다하지 않기에 도를 행할 수 없다고 하는 것이다.

도는 사람을
멀리하지 않는다

- 제13장 -

"도는 사람과 멀리 떨어져 있지 않으나,"

"사람들이 높은 곳을 좋아하는 바람에 오히려 도와 멀어졌다."

"도!"

"그것은 도라고 말할 수 없다."

"『시경』에 이르길, "도끼 자루를 깎는구나! 손 안에 있는 헌 자루를 보고 깎는구나! 이것이 도인가!""

군자는 자신의 위치에 맞는 일을 하며
그 외의 것은 바라지 않는다

- 제14장 -

군자는 자신이 처한 지위에 맞게 마땅히 할 일을 하고,
본분을 벗어난 일은 바라지 않는다.

부귀한 지위에 있으면 부귀한 지위에 맞는 일을 하고,

빈천한 지위에 있으면 빈천한 지위에 맞는 일을 한다.

오랑캐의 지위에 있으면
오랑캐의 지위에 맞는 일을 하고,

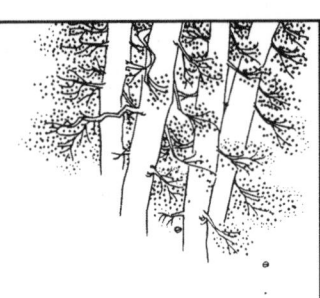

환난에 처하면 환난에 맞는 일을 한다.

군자가 도와 본분을 지킨다면
어떠한 위치에 있어도 나름대로 얻음이 있다.

어떤 곳에 있어도
그곳이 가장 좋은 곳이고,
어떤 시간이라도
그때가 가장 좋은 시간이다.
군자는 언제 어디 있더라도
평온히 스스로 얻으며,
그 본분에 맞는 일을 한다.

활쏘기는 마치 군자와 같다

윗자리에 있으면 아랫사람을 업신여기지 않고, 아래에 있으면 윗사람에게 아부하지 않는다.

자신을 단정히 하고 남에게 요구하는 바가 없으면 자연히 원망도 없다.

위로는 하늘을 원망하지 않고,

아래로는 남을 탓하지 않는다.

군자의 도는
먼 길을 갈 때 한 걸음부터
딛는 것과 같다

- 제15장 -

군자가 도리를 행하는 것은
먼 곳을 가려면 반드시 첫 걸음을
떼어야 하는 것과 같고,

높은 산을 오르려면 낮은 데서부터 올라야 하는 것과 같다.

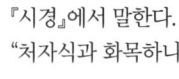
『시경』에서 말한다.
"처자식과 화목하니

거문고와 비파를 타는 듯 조화롭다.

형제간에 뜻이 맞으니 화기애애하다.

가정을 화목하게 하니 아내가 즐겁다."

이리하면 그 부모도 흐뭇하실 것이다!

공자가 찬탄했다.

가정의 기초는 부부에 있다. 부부가 화목하면 자녀들도 행복하고, 가정이 화목하면 그 부모도 당연히 흐뭇하고 즐거울 것이다.

귀신의 덕

- 제16장 -

귀신의 성정과 효능은 참으로 대단하다! 보려 해도 보이지 않고 들으려 해도 들리지 않지만, 없는 곳이 없으니, 마치 형체가 있는 사물처럼 버릴 수가 없다.

천하 사람들로 하여금 목욕재계하고 정결한 옷을 입고 제사를 지내게 한다.

도처에 귀신의 영기가 가득하여 흐르는 것이 마치 머리 위에도, 몸 좌우에도 있는 것 같다.

순 임금은 큰 효도를 하신 분

- 제17장 -

순임금은 진정 큰 효도를 하신 분이다!

그의 덕성은 성인에 이르게 했고,

그의 존귀함은 천자가 되게 했다.

아무 걱정 없는 사람은 오직 문왕뿐이다!

- 제18장 -

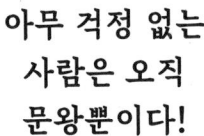

"아무 근심 없는 사람은 주 문왕뿐일 것이다."

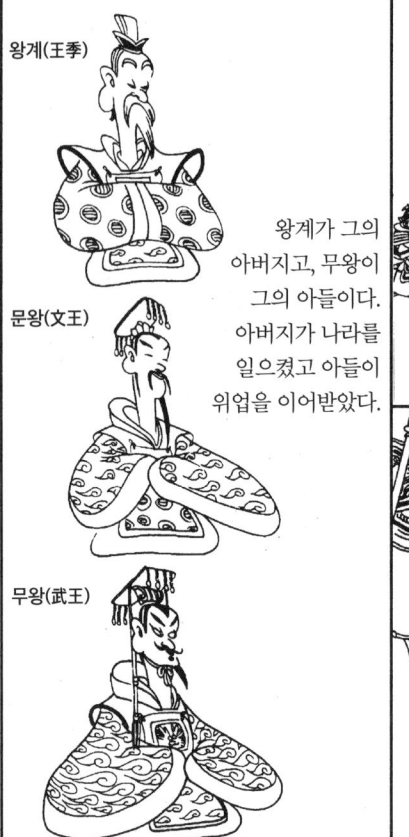

왕계(王季)

문왕(文王)

무왕(武王)

왕계가 그의 아버지고, 무왕이 그의 아들이다. 아버지가 나라를 일으켰고 아들이 위업을 이어받았다.

주 무왕은 왕계와 문왕의 대통을 이어받아 은나라를 멸하고 천하를 얻었다.

그 명성을 천하에 떨쳐 천자의 존귀한 몸이 되었으며, 온 천하의 재물을 얻었다. 죽은 뒤에는 종묘에 모셔져 자자손손 영원히 제례를 받고 있다.

무왕과 주공은 지극한 효성을 보였다

- 제19장 -

무왕과 주공(周公)은 천하가 다 아는 효자였다!

이른바 효란, 선대의 뜻을 이어받아 선대의 사업을 완성하는 것이다.

봄가을에 제사 지낼 때, 종묘를 정돈하고 제기를 놓고 선조가 입었던 의복을 진열하고 제철 음식을 올린다.

종묘 제사의 예절은 좌소우목(左昭右穆)의
원칙에 따라 자손들을 배열시킨다.

벼슬의 높고 낮음에 따라 배열하는 것은
존귀와 비천을 구별하려는 것이고,

제사 지낼 때
직책을 분배하는 것은
재능의 고저를
분별하려는 것이며,

자제들이 웃어른에게 술을 올리는 것은 노인
들에게 술 권하는 법을 가르치려는 것이고,

연회 때 머리카락 색깔로
자리 순서를 정하는 것은
나이의 많고 적음을 분별하려는 것이다.

인과 의와 예

인이란, 인성(人性) 중 본래 가지고 있는 자애를 말한다.

자신과 친한 사람을 친애로써 대하는 것이 가장 중요하다.

의는 마땅히 해야 할 일을 하는 것으로, 현인에 대한 존경이 가장 중요하다.

사람을 친애함에도 등급이 있고, 현인을 존경하는 데에도 등급이 있습니다. 이로부터 예가 나옵니다.

예의 본뜻은 마음을 절제하는 것이니, 예와 의를 실시해야 모든 곳이 적절히 조절된다. 따라서 인의도덕은 예가 아니면 이룰 수 없다.

도에 이르는 방법은 달라도 결과는 같다

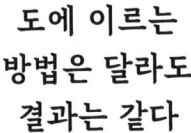

어떤 사람은 배울 필요도 없이 날 때부터 이 도리를 알고,

어떤 사람은 배워서 도를 알고,

어떤 사람은 열심히 노력해서 연구하여 알게 되는데,

하하하! 우리는 이미 알았지!

알게 되었을 때 그 결과는 모두 같다.

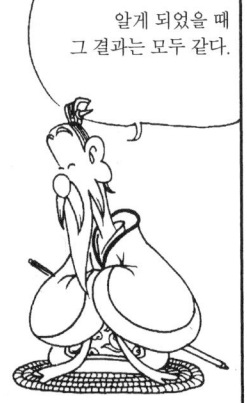

사람의 타고난 자질에는 높고 낮음이 있다. 그러나 어리석은 사람도 노력하면 지혜롭게 타고난 선비와 비견될 수 있다.

지와 인과 용

천하와 나라를 다스리기 위한 아홉 가지 근본 요소

무릇 천하와 국가를 다스리는 데는 아홉 가지 불변의 법칙이 있다.

자신을 수양하고,

현인을 존중하며,

친족을 사랑한다.

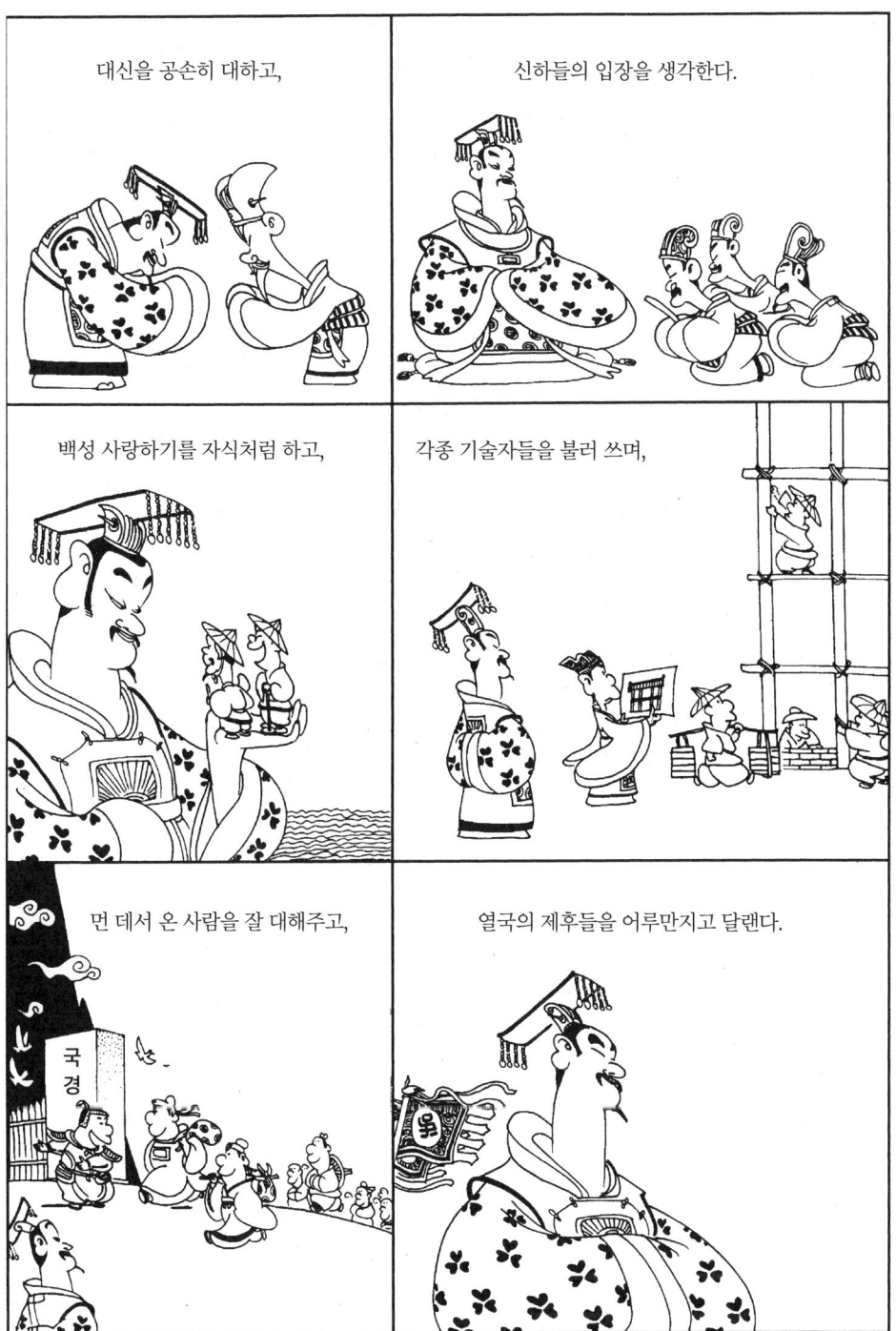

자신을 닦으면 정도(正道)가 확립되고,

현인을 존중하면 사리에 의혹이 생기지 않는다.

친족을 사랑하면 집안과 형제 간에 원망이 없어지고,

우리 형님은 정말 좋으셔.

맞아요.

대신을 공손히 대하면 어떤 일이 닥쳐도 혼란에 빠지지 않는다.

신하들의 입장을 생각해주면 지혜와 재능 있는 인물들이 힘을 다해 보답하며,

백성을 자식처럼 사랑하면 백성들이 근면함으로 보답한다.

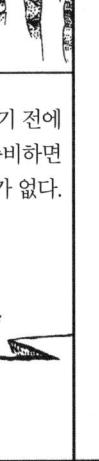

미리 준비하면 모든 일이 이루어진다

어떤 일이든지 사전에 준비하면 성공하고, 준비하지 않으면 실패한다. 말도 미리 준비해두면 궁지에 몰리는 일이 없고,

일하기 전에 미리 준비하면 어려움을 겪지 않으며,

행위하기 전에 미리 준비하면 후회가 없다.

사람됨과 일을 행하는 도리에 있어 먼저 원칙이 있으면 막힘이 없다.

말할 때는 충실함과 신뢰가 있어야 하고, 일할 때는 확실하고 신중해야 한다. 행동을 조심히 하고 말을 삼가면 불리함이 없다.

성은 하늘의 도이고 성에 이르는 것이 사람의 도다

'성'은 망령되지 않은 진실함이다. 해가 뜨고 달이 지며, 사계절이 어김없이 운행되는 것과 같이 큰 도는 뚜렷이 드러난다! 그러니 사람이 '성'하지 않을 수 있겠는가?

성이란
애쓰지 않아도
들어맞고
생각지 않아도
얻어지는 것

이른바 성이란
애써서 합치시킬 필요도 없고,

얻으려 생각할 필요도 없다.

일거일동이 모두
도리에 부합하는 것은
성인만이 가능한 일.

성을 실천하려면
지극한 선의 도를 택하여
굳게 지키되,
결코 바꾸어서는 안 된다.

선을 택했으면
그 길로 완고하게
나아가라! 그러나
억지를 부려서는
안 된다!

넓게 배우고
자세히 물으며
신중히 생각한다

넓게 배우고,

자세히 가르침을 청하며,

신중하게 생각하고,

대소(大小) 선악(善惡)
장단(長短) 고하(高下)
호괴(好壞)를
분명히 판별하며

확실하게 실행한다.

일단 배우기로 하면
전부 깨우치기
전에는 결코
포기하지 않는다.

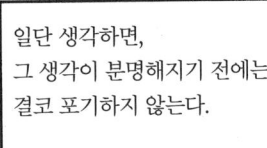

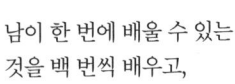

성(誠)과 성(性)과 교(敎)

- 제21장 -

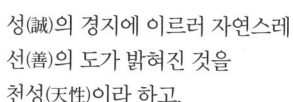

성(誠)의 경지에 이르러 자연스레 선(善)의 도가 밝혀진 것을 천성(天性)이라 하고,

선의 도가 밝혀져 성에 이른 것을 인위적 교화라고 한다.

성은 곧 모두 밝혀진 것이며,

모든 도리가 밝혀지면 성의 경지에 이른다.

성의 경지에 다다른 사람은 그 마음이 저절로 맑고 비어 있어 사리사욕이 없으니 참된 지혜를 갖게 된다.

오직 천하의 지극한 성이라야…

- 제22장 -

오직 지극한 성을 가진 성인만이 자기 본성을 다할 수 있다.

자기 본성을 다할 수 있으면 남의 본성을 다 알 수 있고,

나로 미루어 남의 도를 헤아릴 수 있다.

남의 본성을 알면 만물의 본성을 알 수 있다.

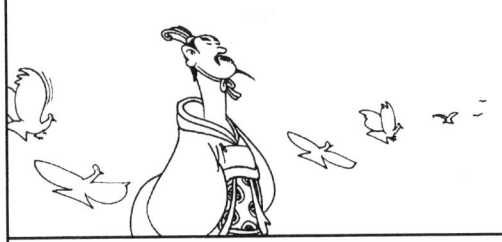

만물의 본성을 알면 천지간 만물의 자라남을 도울 수 있다.

천지간 만물의 양육을 도울 수 있으면, 천지와 함께 셋으로 나란히 설 수 있다.

한 방면에라도 최선을 다하면…

- 제23장 -

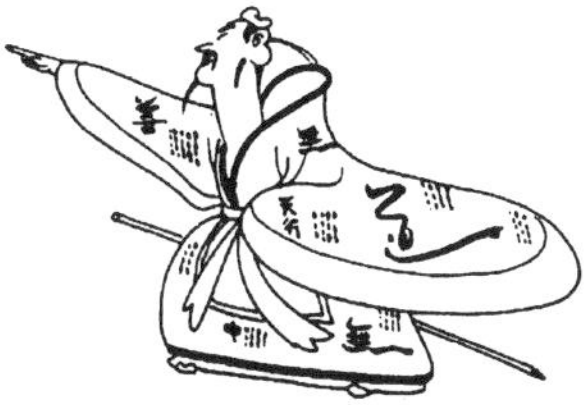

성인보다 못한 현인(賢人)은 성인처럼 그 본성을 완전히 다할 수 없으나,

어느 한쪽 방면의 사리에 힘을 다하면,

성의 경지에 이를 수 있다.

성(誠)

성이 중도(中道)에 부합되면 즉각 밖으로 표현되고,

밖으로 표현되면 뚜렷이 드러난다.

지극한 성의 도를 갖추면 앞일을 미리 알 수 있다

- 제24장 -

성의 극치에 이르면 미래의 사정을 예지할 수 있다.

나라가 흥할 때는 반드시 상서로운 징조가 있고,

나라가 망할 때도 반드시 재앙의 징조가 나타난다.

시초(蓍草)와 거북 등껍데기에 점괘가 나타나지만,

사람의 동작과 몸가짐에도 나타난다.

화와 복이 닥치려 할 때, 복도 화도 미리 알 수 있다.

그러므로 지극한 성을 갖춘 사람은 신명(神明)과도 같다.

지극한 성에 이른 사람은 마음이 안정되어 망령된 생각이 떠오르지 않는다. 원인을 분석하여 결과를 알 수 있고, 자연의 추세를 보고 화복을 미리 알 수 있다.

성은 스스로 이루고 도는 스스로 간다

- 제25장 -

성은 인격을 완성시키는 요건이고,

성(誠)

도는 마땅히 가야 할 길을 인도한다.

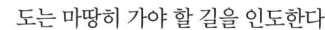

성은 모든 사물의 처음과 끝이며, 근본과 말단이다. 성이 없으면, 곧 허망하여 아무것도 없게 된다.

그러므로 군자는 '성'을 특별히 귀하게 여긴다.

성은 자신을 완성시킬 뿐 아니라, 모든 사물을 성취시킨다.

먼저 자신의 인격을 완성하는 것은 인이고

인(仁)

모든 사물을 성취시키고 자신의 재능과 덕을 발휘하는 것은 지(智)다.

지(智)

인과 지는 타고난 덕성이다. 외적인 것이 합해지면 사물이 되고, 내적으로 쌓이면 스스로의 법칙이 된다.

인(仁) 지(智)

그러므로 항상 시행함이 마땅하다.

성은 모든 사물을 성취시키는 근본이다! 성은 우리 본성에 존재하는 고유한 것이다!

넓고 두터움은
땅과 같고
높고 밝은 것은
하늘과 같다

- 제26장 -

넓고 두터움은 땅과 같고,

높고 밝음은 하늘과 같으며,

영원무궁함은 시간을 초월한다.

그래서 스스로 표현할 필요도 없이 저절로 드러나고,

움직이지 않아도
저절로 사람을 감화시키며,

행위가 없어도 저절로
원대한 성취를 이룬다.

하늘과 땅과 산과 물

하늘에 대해 말하자면,
한 점의 빛들이 모이고 모여,

무궁한 천체가 되자
해와 달과 별들이
그 위에 걸리고,

세상 만물은 그 아래를 덮었다.

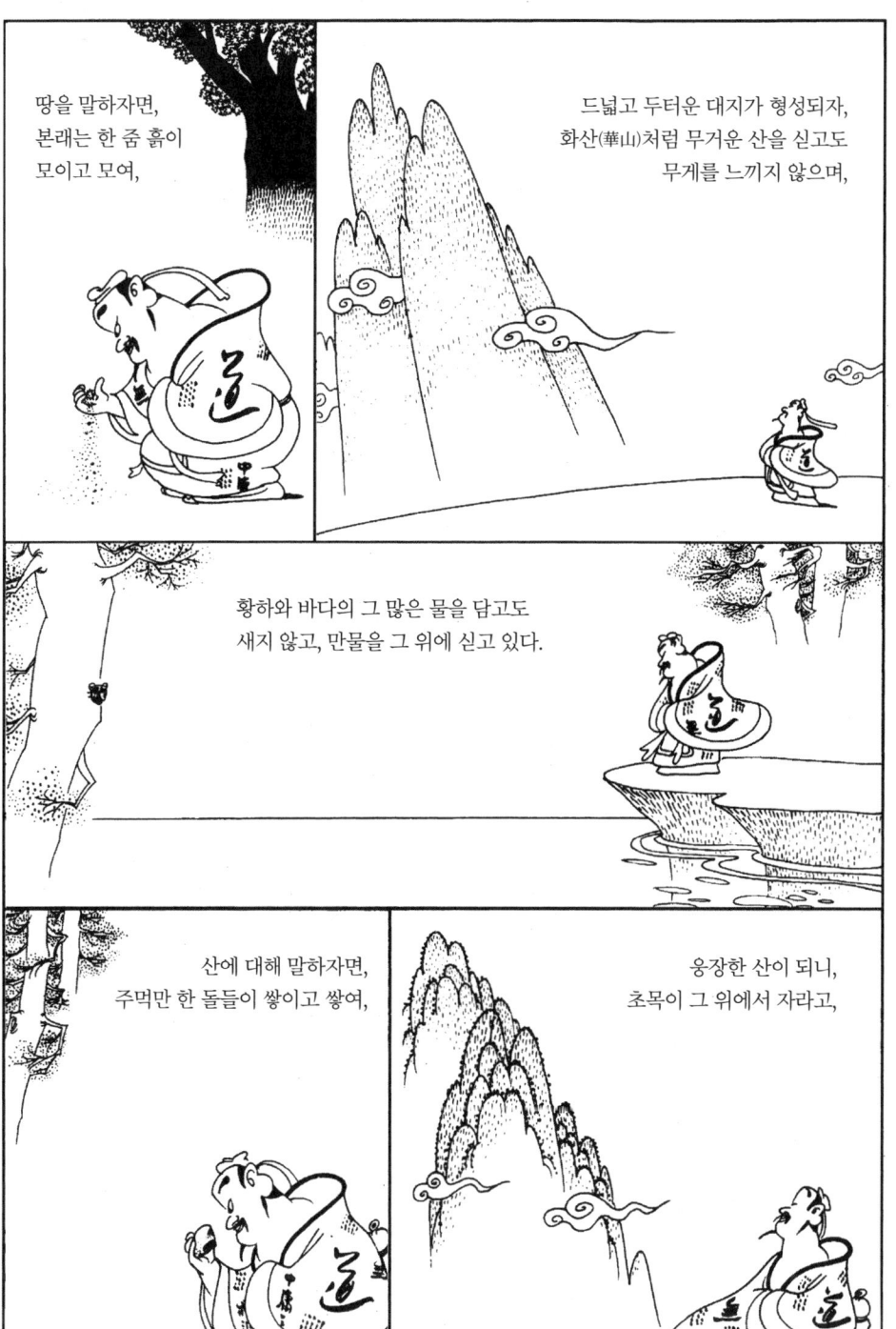

나라에 도가 있을 때와 없을 때

- 제27장 -

나라에 도가 있을 때, 그의 말은 나라를 진흥시키고,

나라에 도가 없을 때, 그의 침묵은 보신(保身)으로 족하다.

『시경』에, "사리에 밝고 예지(叡智)가 있으면 자신을 보전할 수 있다"고 한 것이 바로 이러한 뜻이다.

매앰맴맴

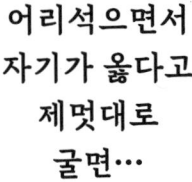

어리석으면서 자기가 옳다고 제멋대로 굴면…

- 제28장 -

어리석은 사람은 독선적이고,

내 의견이 최고야.

비천한 사람은 자기 주장이 강하다.

지금에 살면서 옛 시대의 법도를 복고하려 들면,

필시 화가 닥칠 것이다.

군자는 자신을 근본 삼아 여러 백성에 시행한다

- 제29장 -

천하를 통치하는 군왕은 세 가지 일, 의례·제도·고문(考文)을 행하는데, 먼저 자신의 덕행을 근거로 한 후에 백성들이 믿고 따르는가를 살피고,

다시 하(夏)·상(商)·주(周) 삼대 군왕의 법도에 잘못이 없는가를 살펴,

천지간에 세우고도 천도를 거역하지 않고 귀신에게 물어봐도 의혹이 없다면,

백 대 후에 성인이 나타나도 한 치의 의혹도 갖지 않을 것이다.

의례·제도·고문은 천자의 직책이니, 다만 근신하고 조심해야 한다!

군자의 거동은 만인이 행하는 도

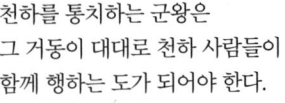

천하를 통치하는 군왕은 그 거동이 대대로 천하 사람들이 함께 행하는 도가 되어야 한다.

그의 행위는 세세토록 천하 사람의 모범이 되어야 하고,

그의 말은 세세토록 천하 사람의 준칙이 되어야 한다.

그리하면 먼 곳에서는 그를 흠모하고, 가까이 있어도 싫어하지 않는다.

훌륭한 제왕이여! 만민이 우러르고 존경하도다!

천하를 평화롭게 만드는 데 힘쓰라

『시경』에 이르기를,
"그곳에는 미워함도 이곳에는 싫어함도 없으니,
아침저녁으로 부지런히 행하여 영원히
아름다운 명예를 지키기를 바라노라."

덕이 있는 군자는
모두 그렇게 차고 있다.

그러므로 일찍이
천하에 훌륭한 명예를
얻을 수 있었다.

좋은 인간관계를 가지고,
열심히 노력해야만
아름다운 이름을
영원히 지킬 수 있다!

공자의 도

- 제30장 -

공자는 멀리는
요순 임금의 도를 따르고,

가까이는 문왕과 무왕의 법도를
지켰다.

위로는 천시의 운행에
순응하고,

아래로는 수토(水土) 생성의
도리에 맞추었다.

천지가 싣지 않는 것이 없고,
덮지 않는 것이 없는 것과 같고,

사계절이 교대로 운행하고
해와 달이 교대로
비추는 것과 같다.

천하에서 가장 위대한 성인

- 제31장 -

천하에서 가장 위대한 성인만이 밝고 총명한 자질을 지니고 있어 위에서 아래로 임할 수 있다.

너그럽고 온화함은 무리를 포용하기에 충분하고,

분발하여 굳세고 꿋꿋함은 큰일을 당하여 결단을 내리기에 충분하다.

정중하고 단정함은 사람들로부터 존경받기에 충분하고,

사리가 분명하여 옳고 그름을 분별하기에 충분하다.

지극한 성의 경지에 이른 성인

- 제32장 -

오직 천하에서 지성(至誠)을 지닌 성인만이 천하의 큰 도리를 경영하고 다스릴 수 있고,

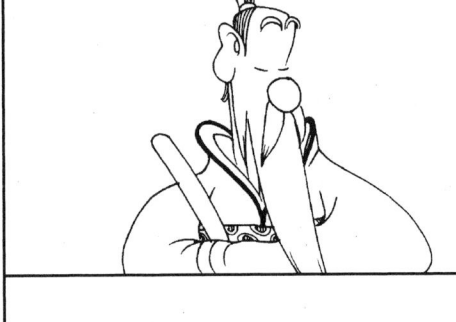

천하의 인도(人道)와 인성의 근본을 확립할 수 있으며,

천지 만물의 생육 작용도 알 수 있다.

군자의 지극한 경지

『시경』에 이르기를, "나는 밝은 덕을 품고 백성을 감화시키니, 사나운 얼굴색과 소리가 필요 없다."

큰 소리와 사나운 얼굴로 백성을 굴복시키려는 것은 가장 형편없는 방법이다.

『시경』에 이르기를, "백성을 교화시키는 덕은 새털처럼 가볍다."